치매 경험

Experiencing Dementia

치매 경험
Experiencing Dementia

초판1쇄   2023년 2월 20일
지은이   노먼 라이트
옮긴이   한길환
펴낸이   이규종
펴낸곳   엘맨출판사
등록번호   제13-1562호(1985.10.29.)
등록된곳   서울시 마포구 토정로 222
             한국출판콘텐츠센터 422-3
전화   (02) 323-4060, 6401-7004
팩스   (02) 323-6416
이메일   elman1985@hanmail.net

ISBN   978-89-5515-061-2   03230

_값 11,500 원

치매 경험

Experiencing Dementia

노먼 라이트 지음

한길환 옮김

하나님의 사람을
만들어 가는 엘맨
ELMAN

하나님은
혼란의 창시자가 아니라
화평의 창시자이시니라.

-고전 14:33, NKJV-

오 주여,

내가 주를 신뢰하오니

내가 결코 혼란에 빠지지 않게 하옵소서.

-시 71:1, KJV-

옮긴이의 글

우리나라는 인구의 고령화가 세계 1위일 정도로 굉장히 빠른 속도로 진행되고 있다. 고령화란? 65세 이상 노인 인구의 비율이 7%에서 21%가 되는데 걸리는 기간을 말한다. 이것은 또한 고령화 사회에서 초고령 사회로 진입하는 속도를 의미하기도 한다. 초고령 사회는 인구 5명 중 1명은 65세 이상의 노인이라는 뜻이다. 이에 따라 치매 유병률 또한 급속도로 증가하고 있다.

치매(癡呆)는 성장기에는 정상적인 지적 수준을 유지하다가 후천적으로 인지 기능의 손상 및 인격의 변화가 발생하는 질환이다. 치매는 기억을 하고 사고를 할 수 있는 능력을 담당하는 뇌가 손상되고 장기적으로 점차 감퇴하여 일상적인 생활에 영향을 미칠 정도에 이르게 되면서 인지 능력이 5살 이

하 수준으로 떨어지게 된다. 치매는 환자의 보호자들에게도 영향을 미친다.

치매 노인을 부양하는 것은 가족과 사회의 모든 부담을 가중시키는 일이기에 우리는 치매를 예방하여 자신을 지키고 가족과 사회를 지켜내야 한다.

노먼 라이트의 "치매 경험"은 치매 진단이 가져다주는 절망감에 빠진 사람들을 위해 쓴 글이다. 짧지만 강력한 이 책은 의학적 설명이 많지는 않지만, 질병을 경험하는 사람의 관점과 간병인의 입장에서 치매에 대한 주제를 더 많이 다루었다. 이 책은 또한 독자들에게 필요한 슬픔의 과정을 헤쳐나가도록 도울 것이다. 치매 또는 알츠하이머로 인해 기억력 문제를 겪고 있는 사랑하는 사람을 발견할 때마다 치매란 무엇인가를 설명해 주는 이 책을 추천한다.

충남 홍성 생명의 강가에서
한길환 목사

머리글

나는 간병인으로 살아왔다. 그 당시 나는 그것이 나의 현실이라는 것을 깨달았는지 확신할 수 없었다. 사실, 나는 이런 식으로 여러 사람을 책임져 왔다.

당신은 당신이 간병인이 되었거나 가까운 장래에 그 상황에 직면하고 있음을 깨닫는 곳에 있을 수도 있다.

내 경우, 아내와 나는 뇌 손상과 부적절하게 형성된 뇌를 가지고 태어난 극심한 정신 장애가 있는 우리 아들을 보살폈다. 우리 아들 매튜(Matthew)는 스물두 살에 죽었다.

우리는 또한 치매와 알츠하이머에 걸린 장모를 몇 년 동안 돌보는 일도 했다.

몇 년 후, 내 아내 조이스는 뇌종양으로 고통에 시달렸다. 우리는 4년 동안 뇌종양이 재발하고, 확장되어 그녀의 생명을 앗아갈 때까지 고군분투했다.

내가 사랑하는 사람들을 돌본 수년 동안을 돌이켜 생각해 보면, 각각의 경우에 영향을 받은 것은 그들의 뇌였다. 치매가 뇌에 어떤 영향을 미치는지 이해하는 것이 이 책에서 우리가 당면하고 있는 문제이다.

당신은 치매라는 말을 사용하는 것을 피하고 듣는 것을 싫어하는가? 우리 중 많은 사람들이 그 말을 들으면 좋은 소식이 아니라는 것을 안다. 우리는 그것을 피하고 싶지만, 우리가 그것에 대해 실제로 알고 있는 것은 무엇인가?

우리는 이 상태에 대해 가능한 한 많이 알아야 고통에 시달리는 사람들을 진정으로 이해하고 도울 수 있다. 치매는 분명히 하나 이상의 질병이다. 치매는 여러 가지 형태가 있는데, 강에서 갈라지는 구불구불한 개울처럼 말이다. 치매는 우리가 잘 알지 못하면 균형을 잃을 수 있는 서로 다른 길을 택한다

당신이 다양한 종류의 치매에 대해 더 많이 알수록 당신의 가족과 친구들에게 더 많은 도움을 줄 수 있으므로 발생할 수 있는 다양한 요구 사항과 예상되는 사항을 미리 알 수 있다.

당신이 더 많은 정보를 얻을수록 이 질병의 진행과 앞으로 일어날 변화에 대처하는데 더 많은 준비를 갖추게 될 것이다. 당신이 질병에 대해 더 많이 알면 알수록 당신이 경험하게 될 놀라움과 매복(埋伏—불시에 공격하려고 일정한 곳에 몰래 숨어 있음—역주) 공격의 양이 줄어들 것이다.

이 입문서에서 권장되는 독서를 계속한다면 '나는 그것을 알았으면 좋겠다.'라는 말이 줄어들고 사라질 수 있다. 이 책에는 당신이 경험하지 않아도 좋을 사랑하는 사람과 함께 읽고 토론할 주제들이 있을 것이다. 하지만 그것들은 필요하다.

당신은 사랑하는 사람의 보살핌과 임종 문제에 대해 가능한 한 빨리 이야기하는 것이 중요하다. 당신이 우리 대부분과 같다면 사랑하는 사람을 가장 잘 보살피고 싶기 때문에 특히 환자의 남은 수명을 향상시킬 수 있는 약물 및 연구에 대한 최신 연구를 확인하는 것이 중요하다.

목차

1장

당신은 혼자가 아니다

치매 환자를 돌보라는 당신의 소명은 돈과 다른 가족들의 도움 이상을 필요로 할 것이다. 그것은 시간, 에너지, 헌신 및 사랑을 포함하는 사람으로서 당신 자신을 주는 것이다. 그것은 또한 당신이 사랑하는 누군가가 당신에게서 멀어지는 것을 지켜보면서 계속되는 상실의 새로운 세계로 들어갈 것이라는 것을 의미하며, 그 과정을 막기 위해 당신이 정말로 할 수 있는 것은 아무것도 없다. 이 병이 계속되는 것을 지켜보면서 당신은 격변의 세계로 들어가게 될 것이다. 당신의 다른 모든 책임에 이것을 추가하면 당신은 마치 세상의 모든 무게를 어깨에

짊어지고 있는 것처럼 느낄 수 있다. 치매 환자를 간병했던 어느 여성은 이렇게 말했다. "나는 치매에 대해 최선을 다하고 있다고 느끼지만 완화되지 않고 있어요. 다른 사람들은 이해하지 못해요!" 그들은 이해하지 못할 수도 있다. 다른 사람으로부터 감사나 인정을 받을 것이라고 기대하지 마라. 당신은 결국 투명 인간처럼 느껴질지도 모른다.

이 책은 내가 쓰기가 쉽지 않았다. 많은 생각과 감정이 책을 쓰도록 나에게 반응을 일으켰다. 이는 내가 아내 조이스(Joice)와 함께 이 길을 2년 넘게 걸었기 때문이다. 그녀가 죽고 나서야 비로소 내가 얼마나 큰 슬픔에 빠져 있는지 깨달았다. 그녀가 뇌종양으로 죽을 것이라는 것을 알고 있는 상황을 내가 항상 의식하고 있었던 것은 아니었다. 수술, 화학 요법, 방사선 치료는 모두 치유의 희망을 제시했고, 우리의 초점은 거기에 있었다. 그러나 표면 아래에는 또 다른 가능성—죽음을 검토하는 것이 있었다. 아마도 그것은 1990년 우리 아들, 매튜가 교정 수술을 받기 위해 2주간 병원에 입원한 후 사망한 데서 비롯되었을 것이다.

우리가 받은 가장 위대한 선물 중 하나는 우리의 마음, 즉 우리의 생각, 특히 우리의 상상력이다. 그것으로 우리는 창조적이고 지략이 풍부해질 수 있고 인생을 전진할 수 있다. 그러나 그것은 또한 우리가 생각하기로 선택한 것 때문에 가장 큰 고통의 원인이 될 수 있다. 우리가 우리 자신에 대해 생각하고 말하는 것은 우리의 감정과 우리의 슬픔을 키운다. 상상력은 우리의 감정에 삽화가 텍스트에 어떤 영향을 미치는지, 또는 음악이 발라드에 어떤 영향을 미치는가이다. 종종 우리는 우리의 마음의 길을 괴롭히는 생각과 질문에 집착한다.

나는 궁금하다.

당신은 다른 사람들의 마음이 겪고 있는 일에 대해서 궁금한 적이 있는가? 나는 있다. 나는 여전히 그렇다. 특히 조이스(Joyce)의 생애 마지막 몇 주 동안 겪은 일. 내가 그녀의 상황과 삶의 위치에 있다면 어떻게 생각하고 느낄지 궁금하다. 내가 죽을 때가 되면 어떤 생각을 하고 어떤 느낌을 받을지 궁금하다. 일흔 살에 조이스(Joyce)는 이미 세상을 떠났기 때문에 그 어느 때보다 훨씬 더 현실적이다. 나는 그것을 끝이라기보다는 전환, 즉 시작으로 본다. 지난달에 받은 수백 장의 카드와 이메일에는 위안과 확신을 주는 일관된 주제가 있었다. 하지만 가끔은 여전히 궁금하다.

나는 궁금하다.

• 그녀의 머릿속에 언제든 깨어날 수 있는 잠자고 있는 적(敵)이 있다는 것 을 그녀가 알고 깨어났을 때, 매일 아침 조이스의 머릿속을 스쳐간 생각은 무엇이었을까?

• 그녀의 생각과 감정이 얼마나 자신에 대한 것이었을까, 아니면 그녀의 사랑하는 사람에게 하고 있었던 일에 대한 것이었을까? 그리고 내가 아는 것처럼 다른 사람들이 조이스를 아는 것은 내가 알기엔 그녀가 그다지 많이 다른 사람들을 보살폈기 때문이다.

- 그녀가 "얼마나 걸릴까?"라고 물었을 때, 그리고 "2주, 한 달, 혹은 두 달 일 수도 있다."고 들었을 때 그녀는 어떤 경험을 했을까. 당신이 그 소식을 듣고 증상이 심해지고 말과 생각이 줄어들면서 천천히 그 과정을 경험하는 것은 어떤 것일까?

- 당신이 분명하게 말했다고 생각하고 나서 다른 사람들의 얼굴에 떠오른 당혹감과 놀라움을 보고 당신이 생각한 바를 말하지 않았다는 것을 깨닫는 것이 얼마나 좌절스러웠겠는가.

- 마지막의 고통과 불안함 때문에 천국에 가기를 고대하는 것이 무색해졌을까? 그녀는 성경의 위로를 기억할 수 있었을까? 그녀는 우리의 사랑의 표현을 기억하고 듣고 느낄 수 있었을까? 나는 그랬으면 좋겠다.

나는 다른 여러 가지 놀라운 생각들을 가지고 있다. 그러나

이 여러 가지 생각들은 적어도 당분간은 이 상태에 머무를 것이다.

> "끝으로 형제들아 무엇이든지 진실한 것과 무엇이든지 정직한 것과 무엇이든지 의로운 것과 무엇이든지 순수한 것과 무엇이든지 사랑스러운 것과 무엇이든지 좋은 평판이 있는 것과 덕이 되는 것과 칭찬이 되는 것이 있거든 이런 것들을 곰곰이 생각하라"(빌 4:8, KJV).

아마도 당신은 내가 가지고 있던 이러한 생각들과 의문점들과 관련이 있을 것이다. 아마도 그것들은 당신이 지금 고려해 보고 싶은 것들일 것이다.

당신이 이 책을 읽고 있다면, 당신은 내가 말하는 감정을 이미 이해하고 있거나 앞으로 다가올 일에 대비하고 있기 때문이다. 당신은 당신과 다른 모든 사람들에게 영향을 미치는 '끝나지 않은 롤러 코스터'에 있는 것처럼 느껴질 수 있다. 용기를 내라! 당신은 혼자가 아니다.

이 책의 정보와 제안을 통해 당신의 사랑하는 사람이 겪고 있는 일에 대한 더 깊은 이해와 이를 통해 그들을 최상으로 사랑할 수 있는 방법에 대한 계획을 세우라.

2장

치매의 세계

이 책은 확실히 기초 입문서이다. 여기서부터 당신의 지식, 이해, 자원 및 지원 시스템을 확장하면서 당신의 일이 시작된다.

당신은 '치매'라는 말을 들어보았을 것이다. 그렇다, 그것은 사실이다. 그것은 거의 모든 사람들에게 두려움을 주는 말 중 하나가 되었다. 우리가 희귀한 질병이기를 바라지만, 슬프게도 그렇지 않다. 치매가 닥치면 우리의 삶을 완전히 질식시키고 우리 가족에게 격변을 일으킬 수 있다.

치매란 무엇인가? 당신은 치매를 어떻게 설명하는가? 사전에는 '뇌의 신경세포가 소실되거나 손상되어 지적 능력과 인격 통합이 심하게 손상되거나 소실된 상태'라고 한다. 이것을 진단하는 것은 그리 쉬운 일이 아니다. "예" 또는 "아니오"로 답할 수 있는 실제 테스트는 없다. 이 문제가 있는 많은 사람들은 정신적 능력을 많이 상실했기 때문에 문제가 있다는 사실조차 이해하지 못한다.

그 변화들은 너무 작게 시작되어 무시될 수 있다. 그렇게 중요해 보이지는 않지만, 자극은 계속된다. 작은 성격 변화가 일어나면서 우리에게 뭔가 옳지 않다는 메시지를 전하는 것이다. 어떤 의미에서 그것은 끝의 시작처럼 느껴질지도 모른다.

치매에 걸린 사람들은 당신이 따라가기 힘든 마음을 가지고 있다. 그들은 순간 이동을 할 수 있는 것 같다. 그들은 이곳저곳으로 뛰어다닌다. 그들은 1분 동안 이곳에 있다가 15년 전이라고 생각한다. 그것들을 고치려고 하지 말라. 그것은 도움이 안 될 것이다. 치매의 뇌는 당신과 내가 하는 방식으로 자극에 대처하는 능력을 잃었다.

평생 습관이 치매와 함께 사라지지 않는다는 것을 기억하

자. 평생 습관은 계속해서 표면화될 것이고 만족시켜 달라고 애원할 것이다. 우리가 이것이 일어는 것을 우리가 어떻게 도울 수 있는지 찾아내는 것이 그들을 지원하는 사람으로서 우리의 일이다. 이것은 우리의 능력을 확장시킬 수 있다. 우리는 앉아서 그러한 습관들을 상기하고 목록을 작성할 필요가 있다. 그리고 일회성 활동이 아니니 생각이 떠오를 때 그것을 기록하라. 매우 자주 우리는 우리가 사랑하는 사람의 행동과 오래된 생활 패턴을 연결하지 못하고 잊어버린다. 그들은 그들이 가진 것을 유지하려고 노력하고 있으며, 우리는 그들을 도와줌으로써 모든 사람이 그것을 더 쉽게 할 수 있도록 할 수 있다.

치매는 뇌에 영향을 미치고, 점차 예전처럼 정신적으로 기능할 수 있는 능력을 감소시킨다. 그것은 사람이 자신의 감각을 통해 수집하는 정보를 획득, 이해 및 사용하는 방법에 영향을 미친다. 개발된 새로운 테스트를 통해 의사들은 이제 뇌를 보고 변화를 실제로 볼 수 있게 되었다.

우리는 치매에 대해 10년 전이나 20년 전에 알려진 것보다 훨씬 더 많이 알고 있다. 예를 들면 다음과 같다.

- 치매는 노화의 자연스러운 결과가 아니다.
- 치매는 특정, 식별 가능한 질병에 의해 발생한다.
- 진단은 치료 가능한 상태를 확인하는 데 필수적이다.
- 질병을 관리하는 방법을 알기 위해서는 철저한 평가가 필수적이다.

치매는 그 자체로 질병이 아니라 다른 원인이나 질병으로 인해 발생하는 일련의 증상이다. 치매는 미친 것을 의미하는 것이 아니다. 치매는 기억, 생각, 추론, 판단 능력을 감소시키는 뇌 내부의 질환이다. 치매는 다른 사람들을 통제하고 영향을 미치기 위해 접근하는 관계형 병이다.

치매는 다음에 영향을 미친다.

- 기억력
- 실행 사고력

- 언어 및 말하기
- 행동 및 사회적 기능
- 움직임
- 시각 및 공간 지각

치매와 치매의 모든 변이(變異)는 도둑이다. 그들은 한 사람이 평생을 얻기 위해 노력한 것, 즉 기억과 능력을 서서히 훔친다. 당신은 뇌세포의 악화나 죽음으로 인해 점차적으로 영구적인 기억상실증에 걸리게 된다.

이것은 다른 유형의 고통을 초래한다. 이 질병은 그 자체로 육체적 고통을 가져오는 것이 아니라 그 사람과 그들의 사랑하는 사람들에게 엄청난 정서적 고통을 준다.

증상이 일상생활에 지장을 주기 시작하면 치매라고 한다. 내가 말했듯이, 이것은 많은 다른 증상을 설명하는 포괄적인 말이다.

3장

치매의 원인

아마도 가장 흔한 질문 중 하나는 '무엇이 치매를 일으키는가?'일 것이다. 불행하게도, 우리가 알고 있는 것은 아직 확실하지 않지만, 연구원들은 두 가지 과정이 있다고 생각한다.

우선, 당신과 나는 우리의 뇌에 숨어있는 플라크(Plaque—일정한 목적으로 조직된 집단—역주)라는 것을 가지고 있다. 그것은 단백질 조각이고 우리 대부분의 뇌는 그 조각들을 제거하고 그렇게 많이 축적되지 않는다. 그러나 우리 중 일부는 시간이 지남에 따라 축적되기 시작한다. 어떤 사람은 단백질 조각들이 플라크로 뭉치기 시작하고 비열한 일을 시작하기 때문에 악당이 될 것이라고 말했다. 그들이 늘어나면서 뇌세포를 손상시키고 파괴하기 시작한다. 그들은 세포 간의 의사소통 과정을 방해한다. 하지만 더러운 일은 거기서 멈추지 않는다. 플라크는 뇌세포 사이의 공간에 영향을 미치지만, 파괴적인 방법으로 열심히 일하는 유일한 단백질은 아니다. 다른 하나는 타우(Tau—분자량이 50,000~70,000을 나타내는 미소관 결합 단백질[생명 튜블린이 원통 모양으로 중합하여 만들어진, 미세 소관에 결합하여 존재하는 단백질의 총칭]의 일종—역주)라고 한다. 우리의 뇌에 타우가 있고 우리는 그것들이 필요하다. 그들의 임무는 셀을 통해 이동하는 셀룰러 트래픽(Cellular traffic—세포 량—역주)을 유지하여 셀이 작동할 수 있도록 하는 것이다. 이것들이 함께 꼬이면 엉킴이라고 하며 세포 안팎으로 필요한 영양소의 이동을 늦추고 차단하고 뉴런(Nueron—신경계를 이루는 기본적인 단위 세포로 신경계를 이루는 구조적, 기능적인 기본 단위이다—역주)을 파괴하기 시작한다. 그것은 마치 고속도로의 빠른 차선에서 시속 약 80km, 64km, 48km로 달리기 시작하는 것 같다. 이 막힘의 결과는 무엇인가? 뇌세포는 퇴화하고 그 후에 죽는다. 그것은 단지 하나의 뇌세포에만 일어나는 것이 아니라 동반 세포를 손상시키고 뇌 전체로 퍼질 수 있다. 전반적인 손상의 일부는 뇌의 수축이다.

우리는 치매 문제의 가장 큰 원인이 플라크인지 타우인지 알수 없다. 그것들은 둘 다 뇌세포를 파괴하고 그것이 명백히 밝혀지기 전까지 10년에서 20년 동안 작용할 수 있다.

이 치명적인 침입자를 이해하기 위해 여러분의 뇌를 좀 더 깊이 들여다보자. 플라크(Plaque—일정한 목적으로 조직된 집단—역주)와 탱글(Tangles—신경섬유 엉킴은 알츠하이머의 주요 바이오 마커[Biomaker—의료 분야에서 사용되는 바이오마커는 임상 용도에 따라 분류된 비교적 새로운 임상 도구 세트의 일부이다. 세 가지 주요 분류는 분자 바이오마커, 세포 바이오마커, 영상 바이오마커이다. 세 가지 유형의 바이오 마커는 모두 치료 결정을 좁히거나 안내하는 임상적 역할을 하며 예측, 예후 또는 진단이라는 하위 분류를 따른다—역주]로 가장 일반적으로 알려진 고인산화 타우 단백질의 집합체이다—역주)은 기억을 담당하는 뇌의 영역에서 먼저 나타난다. 그 후 그들은 두뇌의 다른 기능들도 빼앗으려는 목표를 달성한다.

4장

두뇌

두뇌는 당신의 몸무게에 상관없이 겨우 약 1.36kg에 불과하다. 이 기관이 없으면 당신의 심장이 뛰지 않고 폐가 숨을 쉴 수 없으며 팔다리가 움직일 수 없다. 이 독특한 덩어리는 당신이 하는 일을 지시한다. 두뇌가 하는 일은 놀랍지만, 그것은 당신의 의식의 고향이기도 하다. 그것은 매일 매 순간 변한다. 그리고 우리가 알고 있는 것의 90% 이상이 지난 10년 동안 발견되었다. 두뇌는 당신의 과거와 현재를 포함하여 당신이 삶에서 경험하는 모든 것에 관여한다.

치매는 기억의 형성과 저장에 관련된 부분인 해마(Hippo-

campus—뇌에서 기억의 저장과 상기에 중요한 역할을 하는 기관—역주)
에 영향을 미치고 좀먹는다. 이 감정적인 센터에는 많은 경로
가 있다. 해마는 여성들에게서 더 크고, 그렇다, 여성들은 특
히 감정이 개입되어 있다면 더 나은 기억력을 갖는 경향이 있
다. 이 부분이 플라크(Plaque)와 탱글(Tangles)의 영향을 받을
수록 새로운 기억을 형성하고 오래된 기억을 되찾는 것이 더
어렵다!

질병이 해마를 통해 이동함에 따라, 그것은 뇌의 다른 부분
으로 퍼진다. 이것은 점점 더 많은 손실을 만든다. 우리는 일
생동안 손실을 경험하지만 가장 어려운 것 중 하나는 당신 자
신을 잃는 것이다. 이것은 점진적으로 일어나고 있는 일이다.
영향을 받는 뇌의 또 다른 부분은 뇌의 알람 부분인 편도체
(Amygdala, 뇌의 변연계[limbic system]에 속하는 구조의 일부로서 동
기, 학습, 감정과 관련된 정보를 처리하는 데 중요한 역할을 한다—역주)이
다. 때로는 보초라고 한다. 밤에 고양이가 꽃병을 넘어뜨렸을
때 당신이 그 소리를 듣고 반응한다면, 당신에게 경고하는 부
분이다. 그것은 뇌의 다른 부분을 가로챌 수 있다. 그것은 감

정과 그들의 기억을 만들어내는 역할을 한다. 알츠하이머에서 볼 수 있는 많은 당신의 감정적 문제와 성격 변화는 감정 시스템의 중심축이자 중심이기 때문에 여기에 기원을 두고 있다.

수면에 관여하는 뇌간 부분도 영향을 받아 불면증을 경험하게 된다.

뇌의 각 영역은 광범위한 뉴런의 양방향 신경 회로망(Neuron network—신경 세포가 시냅스에 의해 복잡하게 접속되어 있는 상태. 뇌는 일종의 신경 회로망으로 보면 된다—역주) 네트워크를 통해 소통한다. 그리고 이것은 뇌의 모든 기능에 영향을 미친다.

누군가가 당신에게 "왜 이런 일이 일어났는가?"라고 묻는다면, 치매의 증상은 더 이상 기능하지 않는 뇌 영역의 결과와 관련이 있다고 말하라.

5장

기억

기억 상실은 무섭고 충격적이다. 기억이 과거의 기억과 경험을 바탕으로 할 때 우리가 어떻게 현재와 미래에 대해 생각할 수 있을까? 기억은 우리의 역사이며, 우리의 삶을 이해하는 데 도움이되는 데 사용된다. 기억은 우리가 완전히 이해할 수 있는 것보다 더 많이 우리의 삶을 형성하고 통제한다. 기억력이 손상되면, 당신은 더 이상 당신이 아니다. 성경의 기록자들은 기억하는 것의 가치를 알고 있었다.

"내가 나와 너희와 모든 육체의 모든 살아있는 피조물 사이에 맺은 내 언약을 기억하리니 다시는 물들이 모든 육체를 멸하는 홍수가 되지 아니하리라."(창 9:15, KJV)

"오 주여, 주의 친절하신 긍휼과 주의 인자하심이 옛적부터 항상 있었사오니 그것들을 기억하소서."(시 25:6, KJV)

"또 그분께서 빵을 가져 감사를 드리시고 그것을 떼어 그들에게 주시며 이르시되 이것은 너희를 위하여 준 내 몸이라 나를 기억하여 이것을 행하라 하시고."(눅 22:19, KJV)

우리가 기억을 잃으면, 우리는 우리의 역사와 우리가 누구인지를 잃어버린다. 기억은 우리에게 생명을 준다.

즉시 기억

이것은 방금 대화에서 말한 것을 기억하는 곳이다. 그러나 단기 기억이 작동하지 않으면 대화가 발생했는지조차 기억하지 못할 수 있다.

단기 기억

이것은 매우 중요한 기능을 가지고 있다. 우리는 오늘 있었던 일이나 오늘과 내일에 대한 계획을 기억하기 위해 그것을 사용한다.이 기억은 당신에게 여러 작업을 수행하는 데 도움이 되므로 그것이 영향을 받을 때 그 사람은 한 번에 한 가지에만 집중할 수 있다. 단기 기억이 영향을 받으면 일반적으로 식사 준비, 일, 취미와 같은 복잡한 작업이 중단된다.

단기 기억 상실의 징후 중 하나는 반복적인 질문이다. 그 사람이 계속해서 질문을 했다는 것을 기억하기는 어렵지만, 그들이 비판을 받거나 당신이 화가 났을 때 그들은 이해할 것이다.

작업 기억

이 기억을 사용하면 정보를 처리하는 동안 당신에게 정신적으로 정보를 유지할 수 있게 해준다. 질병에 걸리면 당신은 더하거나 뺄 수 없다. 이는 당신이 숫자에 매달릴 수 없기 때문이다. 이러한 유형의 기억은 또한 주의를 분산시키는 데 도움이 된다.

절차

같은 일을 반복함으로써 새로운 장기 기억이 확립된다. 여기에는 양치질이나 쓰레기 버리기와 같은 활동이 포함된다. 이것은 일부 사람들이 말하는 '제2의 천성'이 될 정도로 반복되는 활동이다.

치매가 언급될 때 당신이 대부분의 사람들과 같다면, 생각나는 것은 알츠하이머이다. 하지만 알츠하이머는 단지 변종 중 하나일 뿐이다. 치매는 기본적으로 우리의 일상적인 기능을 방해하는 많은 증상들을 설명하기 위해 사용되는 포괄적인 용어이다.

6장

치매의 유형

알츠하이머는 전체 사례의 60~80%를 차지하며 이 책의 대부분에서 집중적으로 다룰 것이다. 그러나 다른 유형은 무엇인가? 가장 일반적인 다섯 가지를 살펴보자.

혈관성 치매

혈관성 치매는 전체 치매의 12~20%를 차지하며 치매의 두 번째 또는 세 번째 흔한 원인이다.

그것은 일련의 작고 조용한 뇌졸증 때문에 발생하는데, 그 중 일부는 너무 작아서 어떤 변화도 알아차리기 어렵다. 당신은 일과성 뇌허혈 발작(TIAs-Transient Ischemic Attack) 또는 미니 뇌졸중(Mini strokes)에 대해 들어본 적이 있을 것이다. 굳거나 막힌 혈관은 혈액이 뇌의 일부로 흐르는 것을 막는다. 따라서 이 부위의 뇌세포는 죽는다. 증상은 알츠하이머와 비슷하다.

루이소체 치매

이것은 알츠하이머와 구별하기 어려운 또 다른 유형의 치매이다. 뇌의 한 부분에 비정상적인 단백질 덩어리가 형성되어 신경 세포가 퇴화하기 때문에 발생한다. 아마도 당신은 파킨슨병에 대해 들어본 적이 있을 것이다. 이것은 같은 단백질에 의해 발생하지만 뇌 깊숙이 형성되어 떨림과 운동 문제를 유발한다.

전두측두엽 치매

이것은 행동을 담당하는 뇌의 부분이 점차적으로 손상되기 때문에 사람의 성격과 행동에 영향을 미친다. 부적절하고 강박적인 행동이 나타나기 시작할 수도 있다.

정상 압력 수두증

이것은 '뇌의 물'이라고 알려졌다. 뇌에 액체가 축적되기 때문에 발생한다. 두통, 현기증, 성격과 행동의 변화, 그리고 기억력 상실이 발생할 수 있다.

경도 인지 장애

당신이 치매에 대해 계속 배우다 보면 경도 인지 장애(Mild Cognitive Impairment—인지 기능이 점진적으로 저하되나, 일상생활 수행 능력은 보존되어 있는 상태—역주)에 대해 듣게 될 것이다. 이것은 경미한 인지 장애를 나타낸다. 이것은 엄밀히 말해 치매가 아니며, 영향을 받은 사람들 중 약 절반만이 알츠하이머로 옮겨간다. 첫 번째 증상은 진행성 기억 상실이지만 여전히 기능적이며 자체 독립성을 유지할 수 있다. MCI가 있는 사람 중 일부는 빠르게 진행되는 반면 다른 사람은 10년 동안 이 상태를 유지한다. "이 용어는 기억력 장애를 호소하고 기억력 테스트에서 약간 감소한 것으로 밝혀진 사람들을 식별하는 데 사용된다. 이러한 일련의 증상이 있는 사람의 10~12%는 매년 최소 5년 동안 치매로 발전한다."

기억하라. 알츠하이머는 가장 흔한 사례이며 치료 문제의 수와 심각성 측면에서 다른 사례를 압도한다.

7장

알츠하이머

알츠하이머는 고양이 발이 부드럽고 사랑스럽고 기억한다는 것 외에는 거칠고, 찢어발기고, 파괴적인 작은 고양이 발처럼 조용히 찾아온다. 알츠하이머는 언제 어디서 발병하는지 정의하는 것이 거의 불가능할 정도로 속이고 혼란스럽게 만드는 "처음에는 알 수 있지만 나중에는 알 수 없는" 종류의 질병이다. 그것은 이미 환자의 성격의 일부인 행동 뒤에 약탈을 숨겨서 그것이 진정으로 포식자로 인식되기 전에 한꺼번에 일어난다. 질병과 우리가 돌보는 사람 사이의 한계를 확실히 정의하는 것은 간병인으로서의 우리의 임무이다. 우리는 결코 그 사람을 경멸해서는 안 되며, 우리는 항상 그 병을 경멸하고 싸워야 한다.

치매로 이어질 수 있는 다양한 질병들이 있는데, 그 중 일부는 앞 장에서 논의했지만, 알츠하이머가 가장 흔하며, 전체 치매 환자의 60~80%를 차지한다. 이 질병에 걸린 사람은 미국의 경우 약 530만 명이다. 이 수치는 그것에 의해 영향을 받는 사람들을 모두 포함한 것은 아니다. 치매는 병에 걸린 사람만 바뀌는 것이 아니다. 그것은 다른 많은 사람들에게도 변화를 요구하며 거절할 수 없는 초대이다. 사랑하는 사람들의 변화에 적응해야 하고, 따라서 자신의 삶을 변화시켜야하기 때문에 삶이 바뀐 모든 가족 구성원을 생각해 보라.

왜 이 수치가 올라가는 것일까? 지난 세기 동안 의학적 발전, 의료에 대한 광범위한 접근, 개선된 위생, 더 나은 영양과 같은 많은 요인들이 우리의 수명에 엄청난 영향을 미쳤다. 베이비붐 세대가 은퇴를 앞둔 지금 우리는 고령화 사회로의 전환을 바라보고 있다. 이 질병은 일반적으로 65세 이후에 발병하지만 30대에도 발생할 수 있다.

왜 알츠하이머로 진단받은 사람들의 수가 증가하고 있는가? 왜 남성보다 여성이 더 알츠하이머에 걸리는가? 유전적이거나 환경적인 문제가 아니다. 그것은 단순히 우리가 더 오래 살고 여성이 전통적으로 남성보다 더 오래 살기 때문이다.

이것은 다양한 단계를 거쳐 진행되는 질환이다. 사랑하는 사람이 1단계 또는 2단계 진단을 받았다면 그들은 아직 알츠하이머로 분류되지 않은 것이다.

질병의 첫 번째 단계는 증상 없이 발생할 수 있다. 기억력이 예전만큼 날카롭지 않을 수 있지만 여러 가지 이유가 있을 수 있다. 사람이 이 질병으로 향하고 있다고 말하기 위해서는 뇌 영상을 사용하여 플라크(Plaques)가 형성되고 있음을 보여줄 필요가 있다.

두 번째 단계는 여러 가지 증상을 나타내지만 독립성을 잃을 정도로 심각하지는 않다. 이 단계는 경도 인지 장애 또는 MCI라고 라고 한다. 기억력 감퇴와 약간의 혼란에도 불구하고, 그들은 여전히 일상생활과 그들 스스로 기능한다. MCI 환자의 약 절반만이 결국 다음 단계로 이동하여 알츠하이머를 앓게 된다. 어떤 사람들에게는 진행이 빠른 반면 다른 사람들에게는 매우 느리다.

3단계는 확실히 알츠하이머이다. 플라크와 탱글(Plaques and Tangles) 때문에 뇌가 수축하기 시작했다. 모든 증상은 매우 명백하며 다른 사람의 보살핌이 필요하다. 알츠하이머는 정말 심각하다. "세상에서 가장 잔인한 질병에 대한 경쟁자가 많지만, 알츠하이머는 교활하고 영리하여 유능한 성인을 아기로, 심통 사나운 아기로 바꾼다. 다른 어떤 종류의 죽음보다 알츠하이머 환자의 가족은 엄청나게 두드러진 현상을 경험한다. 한 여성은 '나는 어머니를 두 번, 한 번은 알츠하이머로, 한 번은 죽음으로 잃었다'고 말했다."

8장

질병의 진행

질병이 어떻게 시작되고 당신은 무엇을 할 수 있는가? 당신의 사랑하는 사람은 예전과 같지 않다. 당신은 그것을 인정하는 데 어려움을 겪을 수도 있지만, 어떻게 설명하려고 해도 그것은 알츠하이머이다. 그것은 건망증, 혼란, 아니면 행동일 수도 있고, 그리고 성격 변화일 수도 있다.

기억

우리의 기억은 사실 여러 메모리 시스템의 모음이며, 그 중 일부는 이전에 논의했다. 그리고 각각은 다른 목적을 가지고 있다. 당신이 덧셈과 뺄셈을 할 때 사용하는 부분은 당신이 특별한 휴가를 생각할 때와는 다를 것이다. 질병이 나타나는 방식 또한 사람마다 다르다. 어떤 사람들은 2년에서 3년 동안 살고 다른 사람들은 10년에서 20년 동안 산다. 때때로 그들의 기억은 한 영역에서는 작동하지만 다른 영역에서는 작동하지 않는다. 변화를 목격하는 사람들에게는 매우 혼란스러울 수 있지만 가장 일반적인 진행 상황을 살펴보겠다.

질병이 발병하면 영향을 받을 첫 번째 기억은 장기적인 것이 아니라 최근에 획득한 사실과 사건 또는 단기 기억이다. 그것은 약속과 대화를 잊어버리기 쉽다. 당신은 최근의 경험은 잊어버릴지 모르지만 10~20년 전의 사건이나 경험은 기억한다. 습득한 기술과 절차는 더 오래 그대로 유지될 수 있다. 그리고 이것은 사람이 의도적으로 하거나 선택할 수 있는 것이 아니다. 이것은 다른 부위로 확산되기 전에 먼저 피해를 입는 부위이다.

이것은 사람으로 하여금 무슨 일이 일어나고 있는지 끊임없이 질문하게 할 수 있으며 심지어 같은 질문을 반복할 수도 있다. 같은 질문을 반복해서 듣는 것은 어려울 수 있다. 당신이 대답하는 가장 좋은 방법은 질문을 처음 받은 것처럼 대답해야하기 때문에 충분한 인내가 필요하다.

이것은 사람이 굴욕감을 느끼는 것을 방지하는 데 도움이 된다. 어떤 사람들은 일반적으로 묻는 질문이나 중요한 정보에 대한 답변과 함께 화이트 보드(White boards—펠트펜 따위로 글자나 그림을 그리게 되어 있는 판. 칠판에 상대하여 이르는 말—역주)나 포스터 보드(Poster board—벽보를 붙일 수 있도록 만든 판—역주)를 사용하는 것이 도움이 된다는 것을 알게 되었다.

단기 기억 상실에서는 일상의 사건이 더 이상 저장되지 않는데 그 사람은 무슨 생각을 하고 있을까? 그들에게 이용가능한 과거의 기억들. 따라서 그들의 대화의 대부분은 과거에 관한 것이 될 것이다.

이것은 당신에게 불필요한 것처럼 보일 수 있다. 당신은 그 사람에 대한 인내심을 잃고 싶은 유혹을 받을 수 있다. 당신은 그들이 기억하기를 기대할 수 있다. 기대하지 말라. 당신의 마음과 마음 속에 그들이 기억하지 못하도록 허락하면 당신은 더 쉬운 시간을 갖게 될 것이다. "내가 말했던 것이 기억이 안 난다니 무슨 소리야? 내가 말했잖아요."라는 말투는 도움이 되지 않는다. 당신은 그들이 무슨 말을 하는지, 무슨 행동을 하는지 항상 이해할 수는 없을 것이다. 그래도 괜찮다.

그들은 물건을 잘못 놓을 것이다. 그냥 이런 일이 일어날 것을 예상하라. 진술을 계속해서 반복해야 할 수도 있다. 새로운 사람은 대화를 통해 자신을 다시 소개해야 할 수도 있다.

다음은 기억해야 할 단기 기억 상실의 몇 가지 다른 특성이다.

그들은 바쁘게 지내거나 즐겁게 지내는 데 어려움을 겪을 수 있다.

그들은 관련성이 있는 것과 그렇지 않은 것을 구별하는 능력을 점차적으로 잃는다.

그들은 가족 모임이나 식당에 가는 것이 부담스럽다면 떠나고 싶을 수도 있다. 그들은 자신이 하는 일이 다른 사람들에게 어떤 영향을 미치는지 고려할 수 없다.

현실은 그들의 두뇌에서 일어나는 일 때문에 그들이 하루를 버티기 어렵다는 것이다. 그들이 모든 것을 파악하는 것은 어렵다.

단기 기억 상실증을 가진 사람에 대해 사려 깊다는 것은 일상생활의 사건에서 그 상실을 보상하도록 돕고 이 상실에 수반되는 정서적 변화를 염두에 두는 것을 의미한다. 간병인은 치매 환자가 긴장을 풀고 안전하고 안정감을 느낄 수 있도록 접근해야 한다. 약물 사용과 난로 사용에 있어 안전을 유지하도록 돕는 것이 최우선 과제이다. 치매에 걸린 사람이 건망증이 있을 때 은혜를 베푸는 것은 반복되는 질문에 처음 묻는 것처럼 대답하는 것, 추론과 논쟁을 삼가는 것, 그리고 그들이 기억하기를 기대하지도 않고 잊어버렸을 때 화를 내지 않는 것을 의미한다. 예를 들어, 약물 복용은 단기 기억의 영향을 받는다. 그렇다, 그들은 "내가 약을 복용했다"는 것은 기억할 수 있지만 얼마나 많이 복용했는지는 기억하지 못한다. 이 문제를 해결하기 위해 전문가 및 의료진과 협력해야 할 수도 있다.

질병이 시작될 때 단기 기억은 작동하는 것에서 작동하지 않는 것으로 변동을 거듭한다는 것을 명심하라. 이것은 당신과 당신의 사랑하는 사람 모두에게 좌절하고 혼란스러울 것이다. 새로운 것을 배우는 것이 어렵기 시작할 것이지만 결국 단기 기억은 완전히 중단될 것이다.

알츠하이머가 진행됨에 따라 장애는 작업 기억(Working memory—비교적 짧은 시간 [예—몇 초] 동안 정보를 저장하고, 주의를 기울이고, 조작하는 것과 관련된 기억—역주)으로 이동한다. 감염되지 않은 뇌를 가지고 있으면 당신은 5분 안에 난로를 꺼야 한다는 것을 기억하면서 대화에 참여할 수 있다. 알츠하이머병에 걸리면 주의력을 분산시키는 데 어려움을 겪기 때문에 오븐(Oven)은 계속 켜져 있다.

이 시점에서 친한 친구와 가족의 이름과 신분이 혼동되기 시작할 수 있다. 기억이 사라지기 시작하면 관계가 흐릿해진다.

가장 심각한 단계에서는 절차적 기억(Procedural memory—어떤 과제를 해결하거나 행동을 수행하는 데 요구되는 일련의 지식이나 기능에 대한 기억을 의미한다—역주)이 사라지기 시작한다. 여전히 사람이나 작업에 대한 인식이 있을 수 있지만 뇌는 더 이상 해당 정보로 무엇을 해야 할지 이해할 수 없다.

결국 장기 기억이 영향을 받는다. 단기 기억에 미치는 영향 때문에 기억을 장기 기억으로 만들기 어렵다. 때때로 이것을 역행성 기억 상실이라고 한다. 많은 사람들은 어린 시절을 기억하는 능력이 높아진 것 같다. 그리고 그들이 기억하는 것이 항상 올바른 순서로 되어 있지는 않다.

당신은 아마도 함께 퍼즐을 맞추었을 것이다. 당신은 연결하기 위해 비슷한 다른 조각들을 사용하여 그것을 함께 맞출 수 있다. 당신은 패턴과 색상의 유사성을 찾고, 결국 모든 조각들이 합쳐진다. 장기 기억이 사라지는 것은 퍼즐에서 조각을 하나씩 꺼내서 카드를 떼어내는 것과 같다. 알츠하이머는 완전한 그림을 이해하고 만드는 것이 어렵다. 그들은 개별적인 기억을 가지고 있을지 모르지만, 그들은 더 이상 그들이 어떻게 하나의 삶에 어울리는지에 대한 연관성을 가지고 있지 않다.

그리고 이것은 요동칠 수 있다. 어느 날 그들은 거의 기억하지 못하는 반면, 또 다른 날은 압정처럼 날카롭다. 치매를 앓고 있는 사람은 자신의 장기 기억이 희미해지고 있다는 것을 알지 못할 수도 있다는 것을 명심하라. 그들은 변화에 신경 쓰지 않고 일부가 틀릴지라도 기억을 신뢰한다. 논쟁하고 그것을 바로잡으려는 것은 역효과를 낳고 당신과 그들 모두에게 좌절과 상처를 줄 뿐이다.

감정은 또한 기억이 알츠하이머에 의해 영향을 받는 데 큰 역할을 한다. 누구에게나 감정적인 사건이나 투자는 가장 쉽게 기억된다. 강한 감정적 충격은 기억 속에 사건을 잠근다. 알츠하이머의 후기 단계로 고통 받는 사람이 쉽게 회상하는 기억에 놀랄 수도 있다. (알츠하이머와 다른 다른 유형의 치매로 인한 기억 상실에 대한 정보는 제니퍼 겐트-플러(Jennifer Ghent-Fuller) '사려 깊은 치매 간병(Thoughtful Dementia Care)', Createspace Independent Pub, 2012를 참조하라.)

의사소통

언어로 자신을 명료하게 표현하는 능력은 단어와 문장을 이해하는 능력보다 더 빨리 악화되는 경향이 있다. 알츠하이머를 앓고 있는 많은 사람들은 자신이 하고 싶은 말을 표현할 적절한 단어를 찾는 데 어려움을 겪는다. 그들은 대화를 이해하고 그들이 말하고 싶은 것을 알고 있지만 그것을 표현할 단어에 접근할 수 없다. 알츠하이머의 경미한 단계에 있는 사람들은 여전히 일관된 대화를 할 수 있다. 그들은 소리 내어 읽을 수 있고, 읽고 있는 것을 이해하고, 완전한 문장을 쓸 수 있다. 중간 단계에서, 그들은 계속해서 그들이 읽고 있는 것을 읽고 이해할 수 있고, 사람들이 그들에게 말하는 것을 이해할 수 있다. 불행히도, 일관된 문장을 공식화하고 대상에 이름을 지정하는 능력이 감소한다. 원하는 단어를 검색하는 것이 어려워짐에 따라 말하기가 모호하고 부정확해질 수 있다. 그리고 자발적인 문장을 생성하는 능력이 감소함에 따라, 그 사람은 대화에서 일반적으로 사용되는 문구를 계속해서 반복하는 것에 의지할 수 있다.

마지막 또는 심각한 상태에서는 언어 이해와 표현이 둘 다 심각하게 감소한다. 그러나 심각한 단계에 있는 사람은 여전히 자신의 이름을 인식할 수 있고 직접 언급할 때 응답할 수 있다. 일관된 문장을 만드는 능력은 사람마다 다르다. 이 단계에서 일부 알츠하이머 환자는 전혀 말을 하지 않는다.

당신이 직면할 문제 중 하나는 발생할 수 있는 언어적 어려움이다. 실어증은 치매가 심해질수록 점차적으로 발생한다. 그것은 언어의 상실이다. 치매는 도둑이다. 그것은 끊임없이 당신의 사랑하는 사람을 강탈하고 있다. 그것은 그들의 어휘와 문법을 앗아간다. 그들은 당신이 말하거나 의미하는 것과 그들이 한때 알고 있던 것을 이해하려고 애쓴다. 그들은 지금 말문이 막히고 있다. 그들은 질문에 대답하기가 쉽지 않다. 상대방이 대화를 중단하도록 허용하여 그들이 하고 싶은 말을 잊지 않도록 하는 것이 도움이 된다.

때로는 몸짓 언어가 말보다 낫다. 미소, 몸짓, 목소리 어조, 얼굴 표정, 쓰다듬기 등이 도움이 될 수 있다. 안타깝게도 시간이 지남에 따라, 당신의 사랑하는 사람은 모든 언어 기능을 잃을지도 모른다. 하지만 그것 때문에 당신이 그들과 대화하는 것을 중단하지는 말라.

질병이 악화되면 증상도 악화된다. 그들은 언어 능력이 저하되면 소리 지르기, 서성거리기, 침착하게 앉지 못하는 등의 행동으로 초조함을 표현할 수 있다. 질병의 중등도 또는 후기 단계에 있는 사람들은 방에서 방으로 목적 없이 돌아 다닐 수 있다. 장애가 없는 가족과의 의사소통은 그 자체로 과제가 될 수 있지만, 어떤 종류의 치매라도 걸리면 좌절감이 심해질 수 있다. 당신의 사랑하는 사람은 올바른 단어를 찾기 위해 애쓸 뿐만 아니라, 당신은 이해가 되도록 당신의 표현을 적응시키기 위해 애쓸 것이다. 이 지침을 따르는 것 외에는 의사소통하는 마법 같은 방법은 없다-표현을 단순하고 직접적으로 유지하라.

다음은 당신이 의사소통을 보다 쉽게 할 수 있는 몇 가지 방법이다.

- 당신이 상대방과 대화할 때 텔레비전, 라디오, 아이폰(iPhone), 아이패드(iPad) 등과 같은 모든 방해 요소를 최소화하라.

- 당신의 목소리를 낮추고 침착하라. 낮은 음이 더 듣기 쉽다. 때로는 부드러운 접촉이 도움이 된다.

- 천천히 또박또박 말하라. 그들이 당신의 말을 듣고 있는지 확인하라.

- 한 번에 하나의 아이디어나 지침만 전달하는 간단한 문장을 사용하라. 그들은 너무 많은 항목을 기억하지 못한다. 당신에게 의미가 있는 것이 그들에게는 너무 과할 수 있다.

- 당신이 무슨 말을 하든 그것을 긍정적으로 하려고 노력하라.

- 그, 그녀, 그들, 그리고 그것과 같은 대명사를 사용하는 것을 피하라. 이것은 너무 일반적이다. 대신 모든 개체 또는 사람을 이름으로 지칭하라.

- 인내심을 갖고 상대방이 당신의 말을 듣고 생각할 수 있도록 충분한 시간을 주라.

- 필요한 경우 당신이 응답을 받을 때까지 동일한 방식으로 여러 번 진술을 반복하라. 당신의 어조가 좌절감을 전달할 수 있다는 것을 명심하라.

- 요점을 전달하는 데 도움이 되도록 제스처나 그림을 사용하라. 천천히 하라.

혼란

당신의 사랑하는 사람에 대한 통찰력은 제한적이고 줄어들고 있다. 때때로 그들은 문제를 깨닫고, 다른 때에는 생각이 왜 그렇게 어렵게 되었는지 모를 수 있다. 좌절감과 분노가 나타날 수 있다. 누군가의 마음이 그들에게 불리할 때 그것을 납득시키는 것은 어렵다. 추상적 사고가 점차 어려워지기 때문에 사고 과정이 바뀔 것이다.

어떤 사람들은 사회적으로 대응하는 방법에 대해 혼란스러워한다. 그들은 거친 언어를 사용하거나 조잡한 농담을 하는 등 사회적 상황에서 부적절하게 행동할 수 있다. 그들은 사교모임을 즐기지만 자신의 상태에 대한 당혹감과 적절하게 대응할 수 없기 때문에 사교모임을 회피할 수 있다.

방향 감각 상실을 예상하라. 그것은 새로운 지역에서 길을 잃기 시작하여 친숙한 동네에서 혼란을 겪고 결국에는 자신의 집에서 방향 감각을 잃는다. 당신의 안전에 대한 우려는 그들이 점점 더 의존하게 될수록 높아질 것이다.

당신은 그 사람에게 시간과 방향에 대해 무엇을 기대할 수 있는가? 혼란! 그리고 이것은 질병의 진행과 함께 증가한다. 여기에는 날짜, 요일 및 시간이 포함된다. 그 지역에 낯선 장소가 많을수록 더 어렵다.

중간 단계에서는 시간 지향성이 악화된다. 이 단계의 누군가는 자신이 삶의 다른 시기에 살고 있다고 생각할 수 있다. 그들은 이제 익숙한 장소에서도 길을 찾는 데 어려움을 겪는다. 그들은 물건을 어디에 놓아야 하는지 기억하지 못할 수도 있다. 이 단계에서 알츠하이머 환자가 관리를 받고 길을 잃는 경우에 대비하여 신원을 확인하는 것이 특히 중요하다. 알츠하이머 협회는 '안전한 귀환' 프로그램을 제공한다.

일부 행동 변화에 놀라지 말라. 그들은 평소보다 더 짜증을 내거나 자극없이 화를 낼 수 있다. 초조함과 공격성은 가장 온화한 사람에게도 나타날 수 있다. 매우 사교적이고 외향적인 사람들은 굴복하거나 그들의 반응이 격렬해질 수 있다.

감각

당신과 당신의 사랑하는 사람을 힘들게 하는 여러 가지 변화들이 있다. 이러한 변화들은 일상적인 기능에 영향을 미친다. 그것은 시각, 청각, 후각, 미각, 촉각 및 체온과 같은 감각을 사용할 수 있는 능력이다. 그들의 감각은 제대로 작동하지 않는다.

여기에는 손실이 많다. 여기에는 시각적 깊이 인식의 상실, 즉 물체가 얼마나 가까이 있는지, 또는 의자의 높이, 연석(緣石—보행자나 자전거를 자동차로부터 보호하고 차도를 이탈한 차량의 진행 방향을 변화시키는 등의 역할을 하며, 차도와 보도를 구분하기 위하여 차도에 접하여 연석을 설치한다−역주)을 기억하지 못하는 것, 주변 시야의 부족 등이 포함된다. 감각이 의미하는 바를 기억하지 못하기 때문에 후각, 미각, 청각까지도 영향을 받는다. 초인종, 의류 건조기, 화재 경보기의 벨소리는 왜 울리는가? 이것들이 의미하는 바를 모를 때 두려울 수 있다. TV조차 두려울 수 있다. 즐거움과 위로를 주기 위해 사용되었던 감각이 이제는 고통스럽고 파괴적인 것으로 경험될 수 있다. 또는 그들이 느끼는 데 필요한 고통을 경험하지 못하고 부상으로 끝날 수도 있다. 그들의 몸은 올바른 메시지를 보내지 않을 수 있다. 통증을 느끼면 원인이 무엇인지 또는 그에 대해 어떻게 해야 하는지 기억하지 못할 수 있다.

시각과 공간

질병이 진행됨에 따라 우리가 그렇게 단순하다고 생각하는 것, 즉 시각적인 것과 공간적인 것의 어려움이 거듭 심해질 것이다. 알츠하이머병에 걸린 많은 사람들은 물체의 시각적 식별과 공간적 방향에 문제가 있다. 이러한 문제의 정도를 결정하는 데 자주 사용되는 테스트를 사람이 '시계의 면을 그리거나 복사하는 시계 그리기'라고 한다.

시각적, 공간적 장애는 특정 작업을 수행하고 얼굴을 인식하고 물체를 식별하는 것을 어렵게 만든다. 그들은 빗, 연필 또는 망치와 같은 일반적인 물체가 어떻게 사용되는지 기억하지 못할 수도 있다. 잃어버린 것은 대상의 의미이지 기술이 아니다. 이 문제는 운전에서도 드러나는 것을 볼 수 있다.

이 능력 영역에서 장애의 정도는 이 기능을 제어하는 뇌 영역에 얼마나 많은 손상이 가해졌는지에 달려 있다.

일상생활에서 문제를 해결하는 능력은 그 사람뿐만 아니라 당신이 간병인인 경우에도 골칫거리이다. 예를 들어, 알츠하이머에 걸린 사람은 수표의 균형을 맞추거나 가정 비상사태를 처리하는 데 어려움을 겪을 수 있다. 그들은 또한 추상적 개념을 파악하는 능력도 서서히 잃게 된다.

알츠하이머의 경증 단계에서는 문제 해결 능력과 판단력에 장애가 발생한다. 일부 가사 일은 처리할 수 있지만 재정 처리 능력이 가장 먼저 저하되는 경우가 많다. 수표 관리, 청구서 지불 및 은행 거래 내역 이해를 포함하는 재정 처리 능력은 이미 경증 단계의 알츠하이머병에서 손상되었다. 이 능력은 계속 줄어들 것이다. 그러나 그들은 중간 단계에서는 돈을 전혀 관리할 수 없다.

심각한 단계에서는 문제 해결과 판단력이 상당히 손상되며 간단한 결정조차도 감독해야 한다.

목욕, 몸단장 또는 식사 준비와 같은 일상적인 일을 도울 때 언어적 또는 신체적 공격이 발생할 수 있다는 점에 유의하라. 당신이 보는 좌절 중 일부는 삶의 변화, 즉 일어나고 있는 일의 일부만 이해할 수 있는 능력에서 비롯된다는 것을 기억하라.

기타 효과

상실은 모든 유형의 치매의 핵심 단어이다. 우리는 이미 몇 가지에 대해 이야기했지만 좀 더 생각해 보자.

치매가 진행되는 초기에는 그들은 그들의 시간을 활용하는 능력을 잃게 된다. 우리가 매일 경험하는 시간을 생각나게 하는 것은 제자리에 있지 않다. 우리가 매일 경험하는 시간을 생각나게 하는 것은 제자리에 있지 않다. 그것은 예전처럼 그들을 위해 작용하지 않는다.

또 다른 손실은 그들의 주도권이다. 그들은 활동이나 대화를 시작하는 것이 어렵다.

성적인 친밀감은 아마도 처음에는 계속될 것이지만 시간이 지나면 잃어버리게 된다. 이것은 혼란과 갈등의 원인이 될 수 있다. 친밀함에 대해서는 해결해야 할 많은 문제들이 있다. 이에 관해 내가 찾은 최고의 자료는 제니퍼 겐트-풀러(Jennifer Ghent-Fuller), 사려 깊은 치매 치료, pp. 100-104이다.

한 가지 문제를 설명할 필요가 있다. 저녁과 밤에 증가하는 동요를 일몰 증후군(Sundowning—노년기에 이르러 해가 지거나 밤이 되었을 때 장애 행동이 악화되고 흥분되거나 사고가 혼란스러워지거나 방향 감각이 상실되는 증상—역주)이라고 하는데, 알츠하이머병 환자에게는 비교적 흔하다. 왜 이런 일이 일어나는지는 알려져 있지 않지만, 이 장애가 있는 사람들은 일몰에 시작하여 밤까지 계속되는 혼란, 불안, 동요 및 방향 감각 상실을 증가시킨다. 일몰은 수면 장애로 인해 복잡해질 수 있다. 낮에는 잠을 자고 밤새도록 깨어 있을 수 있다.

근육의 힘과 조정은 필기, 균형, 쥐기, 걷기 및 운동 기간, 쇼핑, 청소, 수리(수선)와 같은 수많은 일상 업무에서 볼 수 있듯이 영향을 받는다. 능력 또한 날마다 달라진다.

그리고 왜 이러한 모든 증상이 발생하는가? 결론은 단순히 뇌의 특정 부분이 해야 할 일을 하지 않기 때문이다. 그들은 더 이상 작동하지 않는다.

아마 지금쯤 깨달았겠지만, 치매는 삶의 어떤 부분도 본래 그대로 두지 않는 질병이다. 그것은 소모적이다. 그리고 사람들은 치매로 죽는다. 그들은 다른 합병증이 있을 수 있지만 결

국 그들의 뇌가 더 이상 신체 호흡을 유지할 수 없기 때문에
이 질병 자체가 사망으로 이어질 수 있다. 결국 그들의 심장
이 멈춘다.

9장

알츠하이머-재검토

징후

• 직업 기술을 포함하여 일상생활을 방해하는 기억 상실.

• 최근에 알게 된 정보를 잊어버림.

• 중요한 날짜나 사건을 잊어버림.

• 같은 정보를 계속해서 요구함.

• 이름이나 약속을 잊어버리고 나중에 기억함.

• 직장이나 사회 활동에서 이탈하거나 주도성이 부족함.

도전

- 계획 또는 문제 해결.
- 직장이나 가정에서 익숙한 작업을 수행.
- 계획을 개발하고 따르거나 숫자로 작업하는 능력의 변화.
- 익숙한 조리법을 따르거나 월별 청구서를 추적하는 데 어려움.
- 집중하기가 어렵고 작업을 완료하는 데 시간이 오래 걸림.
- 익숙한 장소로 운전함.
- 예산을 관리함.
- 규칙 기억함.
- 부적절한 장소에 물건을 둠.

혼란의 영역

- 시간 또는 장소.
- 계절과 시간의 흐름.

- 주소와 그들이 어디에 있는지, 어떻게 거기에 왔는지 또는 어떻게 집으로 돌아가는지 알고 있음.
- 실례(實例—구체적인 실제의 보기)를 이해하거나 과거에 일어난 일을 이해함.
- 물건을 잘못 놓으면 다른 사람들이 훔쳤다고 비난할 수 있음.

감각 문제

- 시각적 이미지와 공간적 관계 및 추상적 사고를 이해하는 데 어려움이 있음.
- 그들은 숫자가 무엇이고 그것을 가지고 무엇을 해야 하는지 완전히 잊어버릴 수도 있음.
- 읽기, 거리 판단, 색상 또는 대조 판단에 어려움이 있음.
- 소리, 냄새, 느낌을 의미와 연결하는 데 어려움이 있음.

의사소통 문제

- 단어, 말하기 또는 쓰기와 관련된 새로운 문제.

- 대화를 이어가거나 대화에 참여하는 데 어려움이 있음.

- 그들은 대화 도중에 멈추고 어떻게 계속해야 할지 모를 수
  도 있음.

- 그들은 그들 스스로 반복할 수 있음.

- 그들은 간단한 단어를 잊어버리거나 부적절한 단어로 대
  체할 수 있음.

성격 변화

- 그들은 좋아하는 스포츠 팀을 따라 잡는데 어려움을 겪거
  나 좋아하는 취미를 완수하는 방법을 기억하는 데 어려움
  을 겪을 수 있음.

- 그들은 극도로 혼란스럽고, 의심스럽고, 우울하고, 두려
  워할 수 있음.

- 그들은 집, 직장, 친구들과 함께, 또는 그들이 편안한 장소를 벗어난 곳에서 쉽게 화를 낼 수 있다.
- 그들의 기분 변화는 아무런 이유가 없는 것 같음.

10장

어디서부터 시작할까?

치매의 징후가 있으면 지체하지 말라. 이러한 장애를 전문으로 하는 의사를 찾으라.

다음은 사랑하는 사람을 위해 주치의에게 물어봐야 할 10가지 매우 중요한 질문이다.

1. 내 사랑하는 사람에게 정확히 무엇이 잘못되었는가?
2. 내 사랑하는 사람의 상태에 대해 알아야 할 모든 것을 파악할 수 있는 자료를 제안할 수 있는가?
3. 이 상태는 치료 가능한가?

4. 나는 무엇을 예상할 수 있으며 상태가 어떻게 진행될 것인가?

5. 내가 사랑하는 사람을 돌보는 한 지금 내가 할 수 있는 일은 무엇인가?

6. 나는 어떤 특별한 장비가 필요한가?

7. 나의 사랑하는 사람이 약물 치료를 받아야 하는가?

8. 당신이 내가 사랑하는 사람에게 최선의 치료를 제공할 수 있는가? 아니면 전문가의 도움을 받아야 하는가?

9. 이 상태는 유전인가?

10. 나의 사랑하는 사람의 보험으로 치료가 보장되는가?

알츠하이머가 진단될 수 있다고 생각한다면 가능한 한 많이 배우라. 알츠하이머병은 진행성이고 돌이킬 수 없는 신경 질환이다. 당신이 현명한 질문을 할 수 있도록 당신에게 가능한 모든 것을 읽어라. 이용할 수 있는 최상의 자료들 중 일부는 이 책에 나와 있다.

진단을 받기 전에 당신 자신을 위한 지원 단체를 만들어라.

특히 주치의 방문 예정일에 당신의 목사님, 교회 돌봄 단체, 가장 친한 친구 등에게 당신과 함께 그리고 당신을 위한 기도에 참여하도록 요청하라. 그 결과를 다른 사람들과 공유할 사람을 지정하여 당신이 그런 부담을 갖지 않도록 하라.

당신의 사랑하는 사람과 단둘이 의사의 진료실에 가지 마라. 당신이 너무 속상해서 집으로 차를 몰거나 당신의 사랑하는 사람의 질문과 두려움에 대처할 수 없는 경우 지원하는 친구나 가족을 데리고 가라.

가족들에게 진단이 내려질지도 모른다고 알려라. 관련된 모든 사람들을 포함시켜야 한다. 친구와 가족의 다양한 반응에 놀라지 말라. 수용에서 부정에 이르기까지 다양한 범위가 있을 수 있다.

어떤 사람이 이 질병에 걸리면 당신은 독립에서 의존으로 변하는 것을 보게 될 것이다. 당신이 겪는 어려움 중 하나는 당신이 무엇을 인수해야 하고 얼마나 인수해야 하는지를 결정하는 것이다. 그들에게 어떤 책임을 덜어준다면, 당신은 단지 임무를 떠맡는 것이 아니라 독립을 빼앗는다는 것을 기억하라.

최상의 진행 계획을 세우기 위해 평가를 하거나 전문적인 평가를 받아야 할 수도 있다. 당신의 사랑하는 사람이 여전히 화를 내지 않고 완전하고 안전하게 각 작업을 수행할 수 있는지를 판단해야 한다.

다음은 알츠하이머병의 가장 흔한 기억 증상 중 일부이다. 이들 중 일부는 여러 형태의 치매에도 적용될 수 있다. 이것들을 살펴보고 이것들 중 당신이 어떤 것을 얼마나 자주 보는지 기록하기 시작하라. 당신의 사랑하는 사람의 증상이 얼마나 심각한지 아는 것은 그들이 가장 도움이 필요할 때를 대비하는 데 도움이 될 것이다.

직업 기술을 포함한 일상생활을 방해하는 기억 상실. 알츠하이머의 가장 흔한 징후 중 하나는 최근에 배운 정보를 잊어버리는 것이다. 다른 것들은 중요한 날짜나 사건을 잊어버리는 것, 같은 정보를 계속해서 요구하는 것을 포함한다. 가끔 이름이나 약속을 잊어버리기도 하지만 나중에 기억하기도 한다.

문제를 계획하거나 해결하거나 익숙한 작업을 수행하는 데 어려움이 있다. 어떤 사람들은 계획을 개발하고 따르거나 숫자로 작업하는 능력의 변화를 경험할 수 있다. 그들은 익숙한 조리법을 따르거나 월별 청구서를 추적하는 데 어려움을 겪을 수 있으며, 집중하는 데 어려움을 겪거나 이전보다 일을 하는 데 훨씬 더 오래 걸릴 수 있다.

집, 직장 또는 여가 시간에 익숙한 작업을 끝내는 데 어려움이 있다. 그들은 일상적인 작업을 끝내는 데 어려움을 느낀다. 때때로 사람들은 익숙한 장소로 운전하거나, 예산을 관리하거나, 규칙을 기억하는 데 어려움을 겪을 수 있다.

시간이나 장소의 혼란. 알츠하이머에 걸린 사람들은 날짜, 계절 및 시간 경과를 추적하지 못할 수 있다. 즉시 발생하지 않는 경우 이해하는 데 문제가 있을 수 있다. 때때로 그들은 자신이 어디에 있는지 또는 어떻게 그곳에 왔는지 잊어버릴 수 있다.

시각적 이미지와 공간적 관계 또는 추상적 사고를 이해하는 데 문제가 있다. 읽기, 거리 판단, 색상 또는 대조 판단에 어려움을 겪을 수 있다.

말하기나 쓰기에서 단어에 대한 새로운 문제. 알츠하이머에 걸린 사람들은 대화를 따라가거나 참여하는 데 문제가 있을 수 있다. 그들은 대화 중간에 멈추고 계속하는 방법을 모르거나 반복할 수 있다.

물건을 잘못 배치하고 단계를 되돌릴 수 있는 능력을 잃어버린다. 알츠하이머를 앓고 있는 사람은 부적절한 장소에 물건을 넣을 수 있다. 그들은 물건을 잃어버리고 다시 찾기 위해 발걸음을 되돌릴 수 없을지도 모른다. 때때로 그들은 다른 사람들이 도둑질을 했다고 비난할 수도 있다.

판단력이 떨어지거나 좋지 않다. 알츠하이머에 걸린 사람들은 돈을 다루는 방식이나 몸단장과 같은 판단이나 의사 결정에 변화를 경험할 수 있다.

직장이나 사회 활동에서 물러나거나 주도성이 부족하다. 알츠하이머에 걸린 사람들은 취미, 사교 활동, 업무 프로젝트 또는 스포츠에서 멀어지기 시작할 수 있다. 그들은 좋아하는 스포츠 팀을 따라가는 데 어려움을 겪거나 좋아하는 취미를 완수하는 방법을 기억하는 데 어려움을 겪을 수 있다.

그들은 집에서, 직장에서, 친구와 함께 또는 자신의 안전지대를 벗어난 곳에서 쉽게 화를 낼 수 있다. 그들에게는 이유가 없어 보이는 기분 변화가 있다.

11장

알츠하이머에 대한 대처

지금까지 우리는 질병과 개인에 대한 영향을 살펴보았으므로 사랑하는 사람으로서 어떻게 준비할 수 있는지에 대해 매우 기본적인 사항을 알아보자. 우리는 다른 사람들의 경험에서 배워야 한다. 당신의 능력이 극도로 과중될 것임을 기억하라. 어쩌면 이러한 제안 중 일부는 기본적일 수 있지만 너무 늦게 "나는 그것에 대해 생각한 적이 없다"고 말하는 것보다 과할 정도로 준비하는 것이 좋다.

어린아이가 방문했을 때와 같은 방식으로 당신의 집을 살펴보라. 가능한 한 안전하고 편안하게 유지하여 당신이 사랑하는 사람을 당신이 연중무휴 24시간 품에 품거나 지켜보고 있을 필요가 없도록 하라. 현재의 안전 조치를 한 번만 평가하는 것이 아니라 당신이 돌보는 사람이 너무 자주 바뀔 수 있으므로 몇 달에 한 번씩 평가해야 한다. 당신의 사랑하는 사람을 안전하고 확실하게 유지하는 데 도움이 되는 장치를 집 안팎에 설치하는 것을 고려해 보라.

당신의 사랑하는 사람이 가능한 한 오랫동안 자존감과 독립성을 유지할 수 있도록 도와주라. 그것은 그들이 할 수 없는 일보다 할 수 있는 일에 초점을 맞추는 것이 도움이 된다. 그러나 당신이 그들이 자신에게 어떤 종류의 위험에 처해 있음을 알 때마다 당신은 더 많이 관여해야 할 필요가 있다. 사람과 그들 주변 사람들의 안전이 주된 고려 사항이다.

사람의 기억과 판단력이 손상될 수 있지만 감정은 여전히 있다. 그 사람은 몇 년 전보다 다소 감정적일 수 있다. 그들은 당신이 화나거나 참을성이 없거나 좌절하거나 화가 났을 때 감지할 수 있다. 우리 모두와 마찬가지로 그들은 사랑과 수용에 가장 잘 반응한다. 그들은 자신이 느끼는 것을 표현할 기회가 필요하다.

문제를 해결할 때 다음 단계를 따르라.

제한 — 그 사람이 하고 있는 실수를 멈추게 하기 위해서 노력하라.

재평가 — 다른 것이 이 문제를 일으킬 수 있는가? 다른 접근 방식이 효과 가 있는가?

재고 — 우리는 항상 그들의 관점에서 사물이 어떻게 보일지를 고려해야 한다.

채널 재조정 — 안전한 환경에서 이러한 행동을 지속할 수 있는 방법이 있는가? 다른 선택은 무엇인가?

안심 — 일이 잘 풀릴 것이며 무엇보다도 당신이 돌보는 일에 대해 정서적 지원을 하기 위해 시간을 내라.

사람이 변화하는 수준의 도움을 필요로 하는 많은 분야가 있
다. 여기에 몇 가지가 있다.

운전

이것은 종종 진단을 받은 후에도 문제가 된다. 많은 사람들
은 운전을 멈추어야할 필요성을 이해하지 못한다. 당신은 결
정을 내려야 할 것이다. 운전이 안전한가? 그렇지 않은가? 당
신의 부담과 압박감을 덜기 위해 의사에게 "더 이상 운전할 수
없다."는 편지를 써달라고 부탁하라. 당신은 그들의 운전을 제
한하기 위해 DMV(Department of Motor Vehicles—미국 교통 차
량관리국—역주)의 도움을 받아야 할 수도 있다. 당신이 이것을
어떻게 하든지 간에, 그 사람이 자유와 독립심을 포기하는 것
은 종종 어려운 전환이다.

약물 치료

질병에 걸린 사람은 적시에 적절한 복용량을 복용하기 위해 다른 사람의 도움이 필요하다. 그들은 약물을 올바르게 복용하는 것을 신뢰할 수 없다. 그들은 더 많거나 적은 약에 대한 그들의 필요성을 표현하지 못할 수 있다.

재정 및 법률문제

이것은 도움이 필요하지만 저항할 수 있는 또 다른 영역이다. 그것은 이러한 항목을 뒤집는 것 이상이지만 독립과 자유를 포기하는 것이다. 그것은 그 사람을 위한 새로운 세계와 환경을 만들어가는 내내 이것을 기억하는 것이 중요하다. 그들이 정신적으로 유능한 한, 법적, 재정적 또는 의료 관련 결정의 모든 영역에 그들을 포함시키라. 어느 시점에서 이 영역의 통제권은 그들 자신의 이익을 위해 행동할 다른 사람에게 주어져야 할 것이다.

식사

모든 사람은 건강하고 균형 잡힌 식단이 필요하다. 너무 자주 그 사람은 다른 신체적 문제를 가지고 있으며, 이는 기억력 및 판단력 문제와 함께 건강 및 안전 위험을 초래하며, 그들이 음식을 준비하는 경우에는 더욱 그렇다. 발생할 수 있는 모든 문제에 대해 생각해 보라. 화상, 넘어짐, 부적절한 준비, 식중독, 식욕 부진, 또는 완전히 먹는 것을 잊음.

당신이 이 사람을 돌보고 있다면 그들이 균형 잡힌 식사를 하도록 하는 것은 당신의 책임이다. 당신은 그들의 식사를 준비하거나 신뢰할 수 있는 다른 사람을 지정하여 음식을 준비하거나 식사를 집으로 배달하도록 할 수 있다. 당신은 실제로 먹는지 확인해야 한다. 간단한 관찰로 이를 수행할 수 있지만 체중 감소를 관찰하기 위해 정기적으로 사람의 체중을 측정할 수도 있다. 알츠하이머에 걸린 사람들은 그들이 단순히 먹는 것을 잊어버리기 때문에 이 단계에서 종종 체중이 감소한다.

의료 서비스

그 사람은 일반적으로 자신을 돌보지 않기 때문에 당신은 그들의 건강관리를 감독해야 한다. 여기에는 의료뿐만 아니라 치과 의사, 안경 및 청력도 포함된다. 종종 그들은 질문에 대답할 수 없으며 당신은 이 모든 영역에서 준비해야 한다.

사회적 상호 작용

고려해야 할 많은 사회적 조정이 있다. 어떤 단계에서는 사람이 적절한 방식으로 반응할 수 있고 다른 단계에서는 그렇지 않을 수 있다. 어떤 사람들은 모든 변화를 보상하기 위해 너무 열심히 노력하는 반면, 다른 사람들은 철회를 선호하여 우울증으로 이어질 수 있다. 레크리에이션 활동은 그 사람이 즐길 수 있을 뿐만 아니라 안전해야 한다.

이 사람을 돌보는 것은 전에 없이 당신의 능력을 확장시킬 것이다. 다음은 이 사람을 돌볼 때 주의해야 할 사항 중 일부에 불과하다. 당신은 몇 가지 생각과 제안이 반복되는 것을 발견할 수 있다. 이것은 이제부터 당신의 삶의 일부가 될 것이기 때문에 괜찮다.

- 그들은 그들의 안전을 책임지지 못할 수도 있다.
- 경미한 사고는 임박한 사고의 신호일 수 있다.
- 그 사람이 할 수 있는 것과 할 수 없는 것을 알고 그들의 말을 믿지 말라.
- 모든 가족 구성원을 위해 비상 계획을 인쇄해 두라.
- 집에서 가장 위험한 방은 대개 화장실이라는 것을 기억하라. 넘어짐, 비틀림, 독극물, 화상은 일어날 수 있는 것 중 일부일 뿐이다.

12장

당신의 사랑하는 사람 간병

치매에 걸린 사람을 돌보는 것은 그들의 세계에 대한 민감성 뿐만 아니라 질병과 사람에 대한 지식을 필요로 한다.

당신이 어떤 사람을 돌보고 있다면 당신의 사랑하는 사람의 뇌 전체에 손상이 퍼져 있기 때문에 융통성이 필요할 것이다. 당신의 사랑하는 사람은 결국 일상생활의 기능을 잃게 될 것이다. 이것은 받아들이기 쉬운 일이 아니다. 당신은 앞으로 다가올 일을 받아들일 수 있는 능력뿐만 아니라 힘을 얻기 위해 매일 기도해야 할 것이다.

당신의 사랑하는 사람은 당신에 대한 그들의 의존도를 높일 수 있는 큰 손실을 경험하게 될 것이다. 여기에는 스스로 음식을 먹고, 목욕을 하고, 몸 단장을 하고, 변기를 사용하고, 옷을 입는 등 여러 가지 능력이 포함될 수 있다. 이것들은 두 사람 모두에게 어색하고 당황스러울 수 있지만, 사랑을 통해 그들을 돌볼 때는 당황할 것이 없다.

치매 환자는 환경, 특히 소리의 자극에 매우 민감하다. 우리는 많은 양의 입력과 소리를 처리하기 쉽지만 치매가 있는 사람에게는 너무 많은 입력이 스트레스와 불안을 유발한다.

과도한 자극은 과부하를 유발할 수 있다. 높은 수준의 감각 자극은 치매 뇌가 처리할 수 없는 스트레스를 생성한다. 다음은 과부하를 유발할 수 있는 몇 가지 예이다.

- 밝은 빛
- 소리(너무 시끄럽거나 불협화음 또는 한 번에 너무 많은 소리)
- 너무 많은 혼란
- 너무 많은 사람들
- 사람의 왕래

- 한 번에 여러 감각 자극

- 너무 많은 선택

- 개인 공간이 충분하지 않음

- 원치 않는 접촉

반면에, 충분한 감각 자극은 그 사람에게 해를 끼칠 수 있다. 감각 박탈은 여러 가지 방법으로 발생할 수 있다.

- 익숙한 물건이나 사람을 보지 못함

- 배려심 부족

- 싱거운 음식이나 사람의 입맛에 맞지 않는 음식

- 변화가 없이 옛날과 똑같음

- 자연에 대한 접근성 부족

- 애완동물이 없는 경우

- 좋아하는 음악에 대한 노출 부족

- 단조로운 환경. 낯선 환경에 있음

- 쾌적한 냄새의 부족

불균형이 있을 때, 당신은 그 사람이 자극을 피하거나 자극을 찾거나 감정적으로 반응하고 감정을 터뜨리기 시작할 것으로 예상할 수 있다.

올바른 종류의 조언에 대한 책임은 누구에게 있는가? 당신이 될 것이다. 당신은 많지는 않지만, 충분하고 적당한 종류의 책임이 있을 것이다. 이것은 시행착오의 과정을 통해서만 성취될 수 있다. 당신은 듣고 지켜볼 필요가 있을 것이다.

이 모든 의미는 그들이 받고 있거나 받지 못하는 정서적 자극을 인식하고 조정해야 한다는 것이다. 삶의 많은 부분이 음식에 집중되어 있다. 그것은 감각의 원천이자 다른 사람들과 상호 작용하는 중요한 시간이다. 그것을 '올바른' 것으로 만드는 것은 당신에게 달려 있다.

이 질병의 독특한 특징 중 하나는 방황하는 것이다. 가능성은 무섭고 항상 가능하기 때문에 당신에게는 부담이다. 그것은 당신의 사랑하는 사람에게 위험하다. 그것은 집이나 외출에서 일어날 수 있다. 이러한 상황이 발생하는 환경은 익숙하거나 새로운 것일 수 있다. 당신이 어디에 있든 그것은 부담이다.

당신은 집에서 자물쇠와 알람을 사용할 수 있다. 문제는 한 사람에게 효과가 있는 것이 다른 사람에게는 효과가 없을 수 있다는 것이다. 당신은 기존 출구가 아닌 출구도 검토할 필요가 있을 것이다. 창문, 차고 문, 슬라이딩 유리 문 및 기타 개구부에 자물쇠를 설치해야할 수도 있다. 생활환경이 일찍 준비되도록 확인하는 것이 중요하다. 알츠하이머는 모든 사람에게 매우 다르게 영향을 미치기 때문에 사람에 따라 얼마나 빨리 진행될 것인지, 또는 이러한 예방책이 필요한지와 필요하지 않은지를 결코 알 수 없다. 안전한 장소가 필요하기 전에 미리 준비하는 것이 훨씬 낫다.

알츠하이머는 점점 증가하는 문제이기 때문에 제안, 읽을 책, 탐색할 웹사이트를 받게 되며 결국 너무 많은 제안에 압도당하게 될 것이다. 당신의 유혹은 그들 모두를 시도하는 것이다. 당신과 당신의 사랑하는 사람은 좌절하고 포기할 준비가 되어 있지만 낙담하지 말라! 당신은 당신에게 가장 적합한 시스템을 찾을 수 있으며 당신이 받은 제안과 다르게 보일지라도 걱정하지 말라.

당신의 기대를 조심하라. 당신은 그 사람에게 모든 것이 될 수 없다. 당신은 또한 학습 곡선(Learning curve—어떤 특정한 대상을 학습하는 데 투입된 시간 대비 학습 성취도를 나타내는 그래프이다—역주)에 살고 있다. 질병이 시작될 때 당신이 알지 못하고 모르는 것이 너무 많다. 당신은 최선의 대응 방법을 고민하게 될 것이다. 당신이 당신의 가족 구성원에게 당신의 최선의 대응하는 방법에 대해 당신이 고심할 때 후회와 죄책감이 더 심해질 수 있다.

당신은 질병이 어떻게 진행되는지 제어할 수 없으며 언제 어디서 죽을지 변경할 수도 없다. 모든 사람은 다른 기분, 행동 및 시간 틀(Time frames—어떤 일에 쓰이는 쓸 수 있는 시간[기간]—역주)로 다른 길을 갈 것이다. 나는 질병이 빨리 진행되기를 바라는 사람들과 그들이 누구인지 알든 모르든 그들의 사랑하는 사람을 계속 살리고 싶어 하는 사람들을 알고 있다. 불행히도 그 어느 것도 우리가 통제할 수 없다.

당신은 당신의 삶과 그들의 삶에서 일어나는 일을 보는 방법을 결정할 수 있다. 문제와 잘못된 것에 초점을 맞추기보다 당신의 축복의 목록을 만들라. 이것은 부정이 아니라 삶이 기쁨과 슬픔이 뒤섞여 있다는 것을 인식하는 것이다.

그들의 손을 잡아라. 그들을 많이 안아주라.

그들과 이야기하라. 당신은 그들이 이해할 수 있는 것과 이해할 수 없는 것을 알 필요는 없다. 그들에게 많은 관심을 주라. 그들은 일부는 파악하고 나머지는 파악하지 못할 수 있다. 그것이 치매이다.

당신은 모르는 것이 너무 많고 이 모든 것이 새로운 것이기 때문에 당신이 알기를 기대하지 않는다는 것을 당신 자신에게 상기시키라. 당신은 이 질병에 대한 새로운 정보를 배워야 한다. 변화가 날마다 일어난다는 사실을 받아들이라. 적응 능력을 개발하라. 끊임없는 변화를 수용하고 예상하라.

당신이 실수를 했다고 생각할 때 스스로를 힘들게 하지 마라. 모든 상호 작용에서 배우라. 몇 가지 실용적인 단계는 다음과 같다. 그 사람에게 사과하고, 자신을 용서하고, 목소리 억양에 귀를 기울이고, 매일 한 시간 동안 휴식을 취하라.

질병에 대해 가능한 한 많이 배우고 각 사람이 반응하는 방식이 독특하고 어떤 사람에게 효과가 있는 것이 당신에게는 그렇지 않을 수 있음을 기억하라.

꾸짖거나 논쟁하지 말라. 그것은 효과가 없을 것이다. 그것은 당신과 그들 사이에 거리를 주게 될 것이다.

믿을 수 없을 정도로 도움이 될 수 있는 조언 중 하나는 "현실로 뛰어들어라."이다. 그들의 세계에 합류하라. 그것은 당신과 둘 다 상처를 입지 않을 것이다.

이 시기에 도움이 될 만한 성경 구절이 있다. 이것은 당신과 당신의 사랑하는 사람 모두에게 두려움과 혼란의 시기이다. 요한복음에서 우리는 "너희는 마음에 근심하지도 말고 두려워하지도 말라."(요 14:27, KJV)는 말씀을 읽는다.

여기서 '마음'은 말 그대로 '마음'을 의미하고, '근심한다'는 말은' 격동 또는 동요'를 의미하는 말이다. 이것은 종종 당신이 '치매'라는 진단을 들을 때 느끼는 것이다. 당신의 사랑하는 사람에게 일어나고 있는 일이 당신을 두려움에 떨게 하지 마라!

안정감을 주고 위로가 될 수 있는 또 다른 구절은 디모데후서 1장 7절(KIV)이다. "하나님은 우리에게 두려움의 영을 주지 아니하시고 권능과 사랑과 건전한 생각의 영을 주셨느니라." 사랑하는 사람이 악화되는 것을 지켜보면서 동반자로서 두려움을 안고 살기 쉽다. 우리는 치매의 특징 중 하나로 혼란에 대해 이야기한다. 그러나 간병인도 이것을 경험하는 경향이 있다. 혼란은 방향의 상실을 의미하며, 이는 시간, 위치 및 개인의 정체성에 따라 세상에 자신을 올바르게 배치할 수 있는 능력이다. 당신은 이 질병에 쉽게 압도당할 수 있다. 성경은 이 혼란의 문제를 다루고 있다. 이는 하나님은 혼란의 창시자가 아니라 평화의 창시자이시기 때문이다(고전 14:33, KJV). 우리가 신뢰할수록 혼란은 줄어든다. "오 주여, 내가 주를 신뢰하오니 내가 결코 혼란에 빠지지 않게 하소서"(시 71:1, KJV). "주께서 심지가 견고한 자를 평강하고 평강하도록 지키시리니 이는 그가 주를 신뢰함이니이다 너희는 여호와를 영원히 신뢰하라 주 여호와는 영원한 반석이심이로다"(시 26:3-4). "사람을 두려워하면 올무에 걸리게 되거니와 여호와를 의지하는 자는 안전하리라"(사 29:25). 가능한 한 빨리 하나님을 의지하라. 그분께 당신의 신뢰를 두면 당신은 평화를 찾을 수 있을 것이다.

이 책의 목적 중 일부는 당신의 사랑하는 사람이 겪고 있는 일을 이해하고 이전에 이 길을 걸어온 다른 사람들의 제안과 도움을 당신에게 제공하는 것이다. 마지막이자 가장 중요한 제안은 하나님의 말씀과 그분의 약속에 의존하는 것이다. 당신은 그들을 필요로 할 것이다.

"하나님은 우리에게 두려움의 영을 주시지 아니하시고 권능과 사랑과 건전한 생각의 영을 주셨느니라" (딤후 1:7, KJV).

13장

슬픔의 다른 유형-예상

    치매 환자의 한 아내는 이렇게 말했다. "남편이 생존할 수 있다는 희망만 남고 남편이 계속 쇠약해질 때 나는 완전히 무력감을 느꼈어요. 내 무기가 바닥났어요. 포기하고 그가 사느냐 죽느냐보다 훨씬 더 큰 희망을 재정립하는 것 외에는 할 일이 없었어요. 결국 '미연에 방지'하려는 노력은 관련된 모든 사람들에게 고통을 주는 것처럼 보였어요. 동시에 그것은 여정의 필수적인 부분이었어요"

    예상되는 슬픔은 미래의 상실에만 초점을 맞추는 것이 아니다. 그것은 그 이상이다. 우리는 이 상황에 처한 사람들과 함께 일할 때 손실을 인식하고 애도하는 사람이 이를 인식하도록 돕는 것이 중요하다. 기억하라. 사랑하는 사람의 말기 질병 동안 사람이 경험하는 슬픔은 실제로 과거의 상실, 현재 발생하는 상실 및 미래의 상실에 의해 자극을 받는다. 그들이 경험했던 것을 기억하고 그들이 다시는 경험하지 못할 모든 것을 빼앗긴 것에 대해 슬퍼하는 것은 드문 일이 아니다. 이것은 치매에도 해당된다.

어떤 유형의 치매를 앓고 있는 가족 구성원과 당신이 직면하는 상실은 여러 가지 이유로 처리하기 어렵고 슬퍼하기 어렵다.

- 이 상실은 혼란스러워서 경험으로 이해하기가 매우 어렵다.

- 상황이 불확실하기 때문에, 그 경험은 손실처럼 느껴질 수 있지만 쉽게 하나로 식별되지 않을 수 있다. 희망은 너무 많이 제기되거나 파괴될 수 있기 때문에 사람들은 신체적

으로 무감각해지고 반응할 수 없게 될 수 있다.

- 상실에 대한 지속적인 혼란으로 인해 두려움과 안도감, 희
  망과 절망, 행동 을 취하고 심오한 반응을 보이고 그들의
  삶에서 앞으로 나아갈 수 없는   것과 같은 상충되는 생각
  과 감정이 자주 발생한다.

- 모호함과 불확실성 때문에 사람들은 그들이 어떻게 대응
  해야 할지 모르거 나 경험에 대한 사회적 낙인이 있기 때
  문에 지원을 제공하는 대신 물러나는 경향이 있다.

- 상실은 본질적으로 계속 진행되고 점진적이기 때문에 끊
  임없는 불확실성은 가족 구성원을 지치게 하고 지원을 소
  진시킨다.

때때로 가족 구성원들은 죽어가는 사람으로부터 너무 일찍
떨어져 나가기 시작하고 너무 빠르게 분리에 관여한다. 그들

은 그들의 죽음 직전에 그 사람에 대한 그들의 감정이입을 철회한다. 많은 사람들이 치매의 초기 단계에서 이렇게 한다. 나는 어디선가 내 생각에 영향을 미치고 내 마음에 남아있는 다음과 같은 진술을 읽었다. "우리가 말기 환자와 교류할 때, 우리는 그들이 죽어가는 것처럼 반응하고 있는가, 아니면 그들이 아직 살아 있는 것처럼 반응하고 있는가?" 그것은 고려해야 할 문제이다.

예상되는 슬픔에는 당신의 슬픔에 영향을 미치는 세 가지 요소가 있다.

첫째, 당신 내부에서 일어나는 슬픔.

둘째, 당신과 죽어가는 당신의 사랑하는 사람 사이에 일어나는 슬픔.

셋째, 당신과 당신의 가족, 친구 사이에 일어나는 슬픔.

당신이 죽음을 기다리는 동안 내부에서 무슨 일이 일어나고 있는지 생각해 보자.

당신은 4단계를 거쳐야 하며 그것은 중복된다. 첫 번째는 사랑하는 사람의 죽음에 대한 인식과 수용을 키우는 것이다. 시간이 지남에 따라 당신은 질병이 생각했던 것보다 훨씬 더 심각하다는 것을 깨닫고 그들이 회복되지 않을 가능성이 당신의 마음에서 점점 더해지기 시작한다. 어떤 사람들은 이것을 즉시 받아들이고 다른 사람들은 이것을 저항한다.

당신은 죽음과 그 영향과 결과를 예행 연습하기 시작할 것이다. 그리고 나서 당신은 예상되는 슬픔의 역할로 이동하기 시작한다.

당신의 다음 단계는 그들의 죽음을 감정적으로 처리하는 것이다. 이것은 다른 사람의 말기 상태에 대한 요구를 다루면서 임박한 죽음에 대한 수많은 감정적 반응을 다루기 때문에 여기서 저글링 행동(Juggling act-동시에 여러 가지 일을 처리해야 하는 어려운 일이나 상황-역주)이 시작되는 곳이다. 이것은 매우 강렬할 수 있는 감정적인 과정이다. 이 손실이 충분하지 않았던 것처럼, 이 병과 관련된 현재와 미래의 손실은 물론 과거의 손실들에 대한 애도가 있을 것이다. 당신은 그들의 질병과 죽음의 현실이 너무나 현실적이어서 당신의 사랑하는 사람으로부터 감정적인 에너지와 미래의 모든 희망과 꿈을 거두기 시작한다.

당신이 누군가가 죽는 것을 기다리는 동안 당신의 마음속에 진행되는 과정이나 생각이 있다. 생각은 막힌 것 같고, 때로는 당신이 그들에 대한 생각을 멈출 수 없는 것 같다. 당신의 사랑하는 사람 없이 당신이 새로운 삶을 준비하기 시작하면서 당신의 정체성, 역할, 신념, 기대에 점진적인 변화가 있다. 이 모든 것은 치매가 당신의 사랑하는 사람을 파괴하는 것을 당신이 지켜보는 동안 발생한다. 이것은 세 번째 단계이다.

미래를 생각

당신의 마지막 단계는 미래를 계획하는 것이다. 그들의 사랑하는 사람이 없는 미래와 미래에 대해 생각하는 것이 어려운 일이지만 계획을 세워야 한다. 이것은 또한 현재 발생하는 상실과 미래에 발생할 일을 고려하는 것을 포함한다. 많은 결정을 내려야 할 것이지만, 지금 준비를 더 많이 할수록 때가 되었을 때 어려운 선택을 하기가 더 쉬울 것이다. 계속 배우고, 당신의 사랑하는 사람과 시간을 보내고, 당신을 끝까지 지켜보시는 하나님을 의지하라.